당수리를 아시나요

당수리를 아시나요

초판 1쇄 인쇄 | 2024년 9월 3일
초판 1쇄 발행 | 2024년 9월 5일

지 은 이 | 이두철
펴 낸 이 | 박세희

펴 낸 곳 | (주) 도서출판 등대지기
등록번호 | 제2013-000075호
등록일자 | 2013년 11월 27일

주 소 | (153-768) 서울시 가산디지털2로 98,
2동 1110호(가산동 롯데IT캐슬)
대표전화 | (02)853-2010
팩 스 | (02)857-9036
이 메 일 | sehee0505@hanmail.net

편집 디자인 | 박세원

ISBN 979-11-6066-111-8
ⓒ 이두철 2024, Printed in Seoul, Korea
값 12,000원

• 잘못된 책은 바꾸어 드립니다.

당수리를 아시나요

이두철 시집

등대지기

■ 시인의 말

칠순 늦깎이로 등단해
매년 오두막 같은 시집 일곱 채 지었다

올해도
겨우내 한뎃잠 자는 아이들 눈에 밟혀
근근이 지은 집

허술하지만
한집에 모여 사니 흐뭇하다

2024년 초가을에

차례

시인의 말 … 05

제1부

농부의 사과 … 13
달팽이 나라 … 14
사라지지 않는 개망초 … 16
중노둣길 … 18
오늘 … 20
좋은 아침 만들기 … 21
시월 초입 … 22
엄마의 힘 … 24
가을 불청객 … 26
남한산성 만추 … 28
바둑판에 인생이 있다 … 30
용문사 은행나무 … 32
끝물 … 33
십일월 나무 … 34
비접촉 뺑소니 … 36
아침이 내게로 왔다 … 38
오룡골五龍谷에 달이 지다 … 40
세월아 좀 천천히 가자 … 42

제2부

텅 빈 가방 … 45
인생은 연극이다 … 46
향일암 동백나무 … 48
지구는 종말을 원하지 않는다 … 50
설날과 세뱃돈 … 52
난방비 폭탄 … 54
부처를 만나다 … 56
봄의 귀 … 58
허리의 힘 … 60
마무리 대본을 쓰다 … 62
세상에서 가장 아름다운 광경 … 64
경칩 … 65
봄이 온다 … 66
윤달閏月 … 67
아리랑 … 68
약비 … 70
장이 죽었습니다 … 72
떨어진 꽃봉오리 … 74

제3부

티켓 한 장 … 79

잡초나라 … 80

잔인한 달 … 82

오월 무렵 … 83

여보게! 뭘 그리 많이 담나 … 84

외할머니 … 86

칠보산 사파리 … 88

아내 잔소리는 법문이다 … 89

세상에서 공짜는 없다 … 90

엘리베이터 거울 … 92

선물 받은 오늘 하루 … 94

숲속을 거닐며 … 96

고마운 친구 … 98

당수리를 아시나요 … 100

교만의 성분 … 102

인생이란 … 104

시가 좋아 그냥 쓴다 … 106

오월의 끝자락 … 108

제4부

거미줄에 걸린 참새 … 111
영원한 자유인 … 112
도마 인생 … 114
나는 이 세상에 없습니다 … 116
씨앗은 쉽게 입 열지 않는다 … 118
장내시경 받는 날 … 120
짧은 가을 … 122
죽음을 알면 세상이 보인다 … 124
자동차 이별 여행 … 126
버려지는 것들의 노래 … 128
인생 터미널 … 130
영혼이 메말라 간다 … 132
느티나무 … 134
영웅의 탄생 … 136
시詩를 쉽게 써야 하는 이유 … 138

해설 … 140

제1부

농부의 사과

긴 겨울을 건넌 나목
봄이 오는 길목에 따스한 입김을 쬔다

얼었던 땅이 구수하게 뜸이 들고
가지마다 연둣빛 봄을 지피면
흰꽃에 덮인
사과밭은 축제가 시작된다

은박돗자리를 바닥에 깐 과수원
반사된 햇살이 고루고루 꿈을 익히면
가지마다 단맛이 고인다

저 사과 하나하나
긴 가뭄에 혓바닥 갈라지고
어깨에 매달린 비바람을 견뎌낸 시간이 있다

붉은 사과 한입 베어 물면
농부의 눈물과 정성이 입안을 적신다

달팽이 나라

열 평 남짓 주말농장
부추 상추 고추 파 강낭콩 오이
서로 다독이며 발자국소리 먹고 자란다

두어 평 열무밭에는
손길 뜸한 사이 빽빽하게 자란 열무들이
빈 허공에 그림 그리듯
유월의 하늘을 파랗게 써내려간다

무성하게 자란 자모들
띄어쓰기 게을리 한 행간은
다듬지 않은 초고처럼 혼란스럽다

솎아내지 않은 열무밭에는
벌레들이 모여들어 까치들을 부르고

달팽이들은
책장마다 송송 구멍을 뚫고
군데군데 촌락을 이루고 나라를 세운다

뚫어진 구멍으로
바람 햇살을 끌어다 앉히고
띄어쓰기와 뒤틀린 행간을 바로 잡는다

열무 밭 한 장이 사라지면
달팽이들은 또 어디에 나라를 세울까

사라지지 않는 개망초

누가 개망초라 부르는가

비탈길 다랑이논 한두 송이
감자 고추밭 고랑에 내민 하얀 얼굴
독립군처럼 살아온 세월이 얼마인가

누가 보아주지도 않고
귀엽다고 어루만져주지 않아도
종족을 지키려 흘린 눈물은 또 얼마인가

살다보니 이런 세상도 있구나

당수 2지구 개발로
보상을 받은 논밭들이 일손을 놓아버리자
어디서 모여들었는지 개망초들이
순식간에 들판을 하얗게 점령해 버렸다

수만 평의 넓은 땅에
군데군데 촌락을 이루어 나라를 세우고
자유 찾은 만세소리에

파란 유월은 하얗게 불타고 있다

개발 망치 소리 가까이 다가와도
밀려날 개망초는 영원히 사라지지 않는다

중노둣길*

섬과 섬을 잇는 디딤돌이 있다
썰물이 길을 내면
밀물이 길을 지우는 안좌도

사람은 오갈 수 없는
목탁 예불 소리 조석으로 오고 갈 뿐
그리움이 파도처럼 출렁거린다

보이지 않아 더욱
사모의 정은 깊어만 가고
두 비구니스님은
망태에 돌을 담아 길을 놓기 시작한다

한 무더기 한 무더기 바다를 메운
이 십여 년

드디어 스님 모습이 눈에 들어오자
서둘러 마지막 돌무더기를 쌓고
안타까운 손을 잡고 서 있는 두 사람

얼마나 서 있었을까
바닷물이 소리 없이 들어와
두 스님의 그림자를 지워버렸다

흔적만 남아있는 노둣길에는
두 스님의 아린 사랑이 숨 쉬고 있다

* 신안군 안좌면 박지섬과 반월섬을 연결하는 디딤돌 길.

오늘

어둠의 세상 한가운데
희망의 푸른 씨앗을 심는다

자시子時에 일어나
어둠 헤치고 기지개로
동쪽하늘의 문을 힘차게 두드린다

새벽이 오는 소리에
까치 다람쥐 산새들 오늘을 노래한다

내일이 뭔지 모르는
하루살이도 온 힘으로 오늘을 살아간다

한 조각 뜬구름 되어 서산으로 흘러가도
나는 최선을 다해 하루를 살아낸다

많고 적음을 묻지 않고
크고 작음을 차별하지 않고
똑같이 햇볕과 시간을 나눈다

좋은 아침 만들기

건강하세요 행복하세요
오가는 덕담이 새벽의 문을 열고
밤새 힘을 충전한 태양은 힘차게 솟아오른다

두 발은 토끼처럼 뛰고
세 발은 조심조심 걷고
네 발은 등 굽은 허리로
엉금엉금 걷는다

낙엽 카펫을 깔아놓은
야생화단지 층층나무 쉼터
시원한 바람 그늘도 걸어놓고
소쩍새 휘파람새노래도 나뭇가지에 걸어놓는다

두 발로 걷다가 세 발로 걷다가
네 발로 걷다가 언젠가 한 줌 흙으로 돌아가는 길

1억5천 년 칠보산 가진바위는
쭉 뻗은 참나무 소나무처럼
어깨를 펴고 두 발로 당당하게 걸으라고 한다

시월 초입

시월이 얼굴을 내밀자
이삼일 휘젓고 다니던 비바람이
슬그머니 사라졌다

더위를 한풀 꺾어놓고
에어컨 선풍기도 모두 걷어간 가을
들깨 털고 고구마 캐는 할아버지
숲의 주머니 뒤져 밤을 줍는 할머니도 분주하다

코스모스 핀 신작로엔
하굣길 아이들 웃음소리
파란 하늘 줄지은 기러기 울음소리
고추잠자리 누런 들녘 밑줄을 긋고 다닌다

찬바람 기웃거리는
다람쥐공원엔 단풍나무 화살나무
월동준비 하라고 서둘러 파발을 날린다

주말농장
더위로 고생하던 호박도 대여섯 개나 달렸다

풍년을 알리는 농악 소리는 간데없고
콤바인 소리만 들녘을 누빈다

엄마의 힘

팔순의 김 할머니
서른일곱에 홀로 되어 오남매를 키웠다

젖 달라고 우는 막내
배가 고파 보채는 셋째
사친회비 안 냈다고 되돌아온 첫째

치마끈 졸라맨 다짐이
채마밭에 푸성귀 심고
갯벌에 엎드려 굴을 따고 바지락을 캐어
시장에 내다팔았다
뻘 묻은 몸뻬바지로 새벽별 이고 나갔다가
저녁달 안고 돌아왔다

나무껍질처럼 질긴 삶
억척스런 손가락엔 옹이가 돋았다
그날그날 발등에 떨어진 불을 끄느라
슬퍼할 틈도 없이,

오남매 대학까지 보내고
반듯한 짝을 만나 시집 장가를 보냈다

먼저 간 남편한테 떳떳하다는 김 할머니
오남매가 손가락에 끼워준 큼지막한 금반지

힘든 숙제를 해결한 듯 할머니 얼굴에 미소가 번진다

가을 불청객

건들마가 불어오는 초가을
때아닌 한파
시월의 한복판을 관통한다

엊그제 벗어 던진 옷을
한 겹 두 겹 껴입고 어둑한 칠보산 오른다

세찬 바람에
시린 손 여린 귓불을 살포시 감싼다
새벽잠에 취한 검은 숲이
낯익은 등산객의 마음을 달래준다

산자락 주말농장에 심어놓은
배추 무 파 시금치 갓
추위에 떨며 버티고 있다

벌어진 아람
밤 도토리 알맹이를 토해내고
숲을 뒤지는 부지런한 노인들
한파에도 아랑곳없이 자루에 가득 가을을 담는다

때아닌 불청객에 사람은 옷을 껴입는데
나무들은 하나둘 옷을 벗어 던진다

남한산성 만추

십일월 초하루
남한산성 단풍이 등산객과 어울려 시를 쓴다

모처럼 야외에 나온 시어들이
화살나무 단풍나무 느티나무 사이 넘나들며
한 줌 햇살을 끌어와 깊어가는 가을을 불태우고 있다

천둥벌거숭이처럼 날뛰는
시어들을 하나하나 불러 모은다

화살나무 빨간 잎 어루만지다
화살촉 날려보고 과녁도 확인한다
자귀나무 산감나무 손가락도 만져보고
성곽에 앉아 인조대왕 아픔도 어루만진다

가을 등지고 가는 기러기떼
하늘에 자음 모음 이어붙여 시를 쓴다

산성을 쌓고 싸운 승군도
만해 한용운기념관 님의 침묵도

치욕적인 아픈 역사도 가슴에 눌러 담는다

붉게 익어가는 단풍이 시를 쓴다
깊어가는 가을이 시를 쓴다

바둑판에 인생이 있다

바둑 구단은 입신이다

둘이 마주보고 앉아
가로 42cm 세로 45cm
황토색 바둑판에 흑돌과 백돌을 번갈아 놓는다

게임에는 희로애락이 있고
바둑판에는 세상이 있다
반집이라도 많은 쪽이 이긴다

집짓기만 해선 이기기 힘들고
너무 집을 탐하면 공격 받기 십상이다
반대로 안전을 바라면 집 부족에 시달린다

상대가 잘 둬서 지는 경우는 없다
삶 속에 실수가 빈번하듯
바둑 한 판에도 많은 실수가 일어나
실착 패착 자책이 화장실에서 눈물 흘린다

바둑은 기본이 충실한 게임
정작 큰 승부에서는 마음 자세가 중요하다
냉정하게 판단하고
자만하지 않는 자세,

황토색 사각 바둑판에 우리들의 인생이 있다

용문사 은행나무

일천백 년 동안
어김없이 십일월이면 노란 눈이 내린다

올 십일월 초하루에도
꽃잎처럼 흩날리는 잎눈이 내렸다
투명한 황금빛
바람 불 때마다 어깨 들썩이며 산들산들 내려온다

불교가 들어올 때 중국에서 함께 온 은행나무
변화무쌍한 계절에
쓰러질 듯 한쪽으로 휘청 기운 가슴 쓸어내리고
황금빛 카펫을 바닥에 펼쳐놓는다

모든 것을 내려놓고도 품위를 잃지 않는
보호수 은행나무

백년 남짓 사는 사람들 넉넉한 그 품을 배운다

끝물

북녘으로 날아가는 기러기 울음에
가을이 붉게 물들었다

빈 들녘 지키는 허수아비
곳간 통째로 잃어버린 참새가 이삭을 줍는다

헐벗은 감나무
우듬지 까치밥 서너 알
간당간당 매달린 가을을 붙들고 있다

몇 장의 노란 은행잎
마지막 이별을 서두르고

신작로 하늘거리는 코스모스
바람이 가을의 어깨를 살포시 짚고 간다

모두 끝물이다

십일월 나무

여름 한철 그늘을 팔던 나무는
건들바람 불면
그늘마저 걷어들인다

주머니 털어 모두 주고
마지막 남은 속옷 한 장도 벗어준다

손돌바람 부는
세찬 눈보라 휘날리는 한겨울
이 골짝 저 골짝
나무 부러지는 소리도 겁내지 않고

벌거벗은 채로
허공에 뿌리를 내리고
겨울을 건널 채비를 한다

햇살 한 줌 올려놓고
그늘 열매 나뭇잎 하나까지
모두 내어주는 11월의 나무는

새봄을 잉태하는 동안거에 들어간다

비접촉 뺑소니

십일월 마지막 토요일 오후
화성비봉파크에서 테니스를 쳤다

산그늘 어스름한 저녁 무렵
각자 차를 몰아
안산 식당에서 저녁을 먹기로 했다
귀한 손님 온다는 들뜬 기분에 일찍 출발했다

식당에 도착해 손님과
테니스 뒤풀이로 맛있는 음식 나누며
안산이 좋아서 이사 왔다는
덕담도 나누며 즐거운 시간을 보냈다

밤이 깊어갈 무렵 그만 일어서려는데
비접촉 뺑소니 신고가 들어왔다는 문자가 왔다
처음 들어본 비접촉
기억이 없는데 머리가 심란하다

다음날 경찰서로 찾아가
음주측정을 하고 블랙박스 뒤지고

사고경위서를 쓴다
전혀 기억이 없는 내용들을

본오 지하차도 위를 좌회전 할 때 원을 크게 돌아
옆에서 오는 차량이 급정거 해
뒤차가 와서 받았으니 내 책임이란다

졸지에 접촉도 기억도 없는 비접촉 뺑소니가 됐다

아침이 내게로 왔다

어제 죽은 자들은 아침이 없다

한 장 남은 달력
12월 끝자락은 꽁꽁 얼어붙고
새해를 잉태하는 겨울은 몸살을 앓는다

영하 15도를 오르내리는 한파
옷을 겹겹이 껴입고
엊그제 내린 눈으로 황량한 산야
한 발 두 발 칠보산을 오른다

어둠 밝히는 노란 초승달
새벽을 열고 아침을 깨우는 까치 고라니
얼어붙은 주말농장을 뒤지고 있다

발길 뜸한 등산로 찬바람 기웃거리고
한 줌 햇살이 그립다

죽비처럼 날아드는 세찬 눈보라
묵언수행 중인 칠보사를 걷는다

두 손을 모은다
오늘도 아침을 주셔서 감사합니다

오룡골五龍谷에 달이 지다

승천 못한 다섯 마리 용이
칠보산자락에 터 잡아 조상대대로 살았다

칠보산자락 양지바른 동네
골목엔 아기 울음 넘쳐나고 담 너머로
정이 오가던 풍요로운 마을이 몸살 앓는다

당수1지구 택지개발이 전답을
모두 쓸어간지 일 년도 가기 전에
당수2지구 택지개발이 집과 사슴 젖소농장
시세에 훨씬 못 미치는 보상금을 불쑥 내민다

선조로부터 물려받은 땅
적은 보상금에
투기 없는 고율 양도세가 어깨를 짓누른다
수백 년 조상의 숨결이 살아 있는
고향이 흔적 없이 사라지는 면목 없는 아픔을

승천 꿈꾸던 다섯 마리 용
꿈을 이루지 못하고 뿔뿔이 흩어진다

이제 달이 뜨지 않는 오룡골은
추억의 책갈피 속에 정든 달을 그려 넣는다

내년 봄
제비들은 어느 처마에 둥지를 트려나

세월아 좀 천천히 가자

2023년 한해가
달력 사이로 구름처럼 흘러간다

유년의 시간은 더디게 갔는데
환갑 고희를 넘긴 시간은
뒤도 돌아보지 않고 바람처럼 지나간다
세월의 머리채 붙들고 사정해도
꼬리 붙잡고 늘어져도 소용없다

한 해가 저물어도
아쉬워하거나 슬퍼하지 않고
테니스 탁구 기타도 치고
칠보산 오르며 노래도 부르고
무딘 머리로 시도 한두 줄 쓰며
봄이 오면 어김없이 시집을 짓는다

나이와 함께 늘어나는 시집
몇 채나 더 지을지 나는 알 수가 없다

제2부

텅 빈 가방

세월이 익으면 깨달음을 얻는다
아무것도 소유할 수 없음을

죽도록 사랑한 사람들
내 것이라 믿었던 몸뚱이
치열하게 쟁취한 권력 명예도
아등바등 움켜쥔 재물도 다 물거품이다

언젠가는 반드시 헤어진다
이 세상 어디에도 내 것은 없다

이 세상 졸업 여행 떠나는 날
텅 빈 가방에 무얼 담아 갈까

아무리 생각해도
지푸라기 하나 담아갈 수 없다

마지막 입고 갈 수의에도 주머니 하나 없다

인생은 연극이다

전생에 무슨 복을 지었는지
몸뚱이 하나 얻어 세상에 나왔다

생방송 중인 지구 넓은 무대
작가가 써준 대본을 외우며 연기하는
나는 어설픈 삼류 배우다

게으름 피우거나 연기력이 부족해
작가 눈 거슬리면 곧바로 퇴출이다

작가의 순간적인 실수로
더러는 무대에서 사라지기도 한다

수많은 갈림길에서 선택을 강요받는다
내가 선택한 것 같지만 결국은
작가가 써준 대로 길을 가게 된다
지름길이든 에움길이든 가시밭길이든

대전중앙시장 점원 사흘 만에 그만둔 일
인천효성공단 보세공장 3년 만에 그만둔 일

그 후 공직의 길을 택한 일은 작가의 뛰어난 안목이다

팔십을 바라보는 망팔의 나이
글쓰기도 연기하기도 버거운 나이지만

아름다운 종영을 위해 두 손을 모은다

향일암 동백나무

계묘년 쌀쌀한 새해벽두
아내와 두 딸, 하나밖에 없는 손녀
다섯이서 남쪽 바닷가로 가족여행 떠났다

십여 일째 이어지던 한파가
주춤하는 사이 남도 바닷가는 포근했다
오동도 인근에 여장을 풀었다

여수 앞바다 일출을 담고
이순신대교 돌산대교를 따라 금오산에 갔다
손녀 손을 잡고 한 발 한 발 돌계단을 오르며
한 계단 한 계단
짊어진 무거운 짐도 내려놓고
가족 사랑 가슴에 새기며 나란히 걷는다

원효대사 기도 소리 들리는 천년고찰 향일암
좌선대에서 바라본 끝없는 바다가 하늘이다

향일암 마당가 오백 년 동백나무
희망의 등불 주렁주렁 매달고

불덩이처럼 솟아오르는 일출
천 년을 깨운다

지구는 종말을 원하지 않는다

헤아릴 수 없는
수많은 별 중에 지구에만 생명이 산다
적막이 흐르는 많은 별들은
고요를 삼키며 반짝인다

깨달음 얻으면 생멸을 끊는다는데
저 별들도 깨달음을 얻었을까

지구에 태어난 것도 축복인데
먹고 먹히며
한 평이라도 더 차지하려 탐욕을 부린다

남북으로 갈라 싸우고
이념으로 진영논리로
패거리 지어 갈등하며 피 터지게 싸운다

날마다 지구는 달아오르고
얼마 남지 않은 얼음덩이 다 녹아내려
피지를 비롯한 태평양 14개 섬과
수많은 섬들이 수장되고 있다

지구는 무슨 생각을 하고 있을까

인간들의 끝없는 욕망에
지구의 얼굴이 수척해졌다

설날과 세뱃돈

세찬 눈보라에도
설은 마음이 포근했다

목욕물 데워 밀린 때 벗겨내고
눈썹이 하얘질라 밤잠을 설쳐가며
첫닭이 울면 설빔을 차려입고
새벽을 깨워 일가 어른 세배를 다녔다

이웃마을 용반 월암 후동 당숙
당촌 마을 홍덕 당숙
장동 나주 도산 아저씨께 세배드리면
동쪽에 새해가 환하게 웃었다

떡국 한 그릇 더 먹고
나이 한 살 더 먹고
동네 어른들 찾아다니며 세배를 드렸지만
세뱃돈 대신
밤 대추 떡 곶감 주머니가 두둑했다

요즘 아이들
밤 대추 떡 곶감은 쳐다보지도 않는다
세뱃돈을 주어야만
빙그레 웃는다

난방비 폭탄

올겨울 최강한파
풍성하던 설 민심에 폭탄이 떨어졌다

영하 20도를 오르내린 날씨
빙판길 도로는 엉금엉금 기어가고
하늘길 뱃길이 막혀 발만 동동 구르다가
성난 민심에 기름을 부었다

계량기는 파손되고
수돗물은 얼어붙고
보일러 고장에 강추위를 견뎌야 하는
가난한 서민들

한강변 오래된 아파트에 사는 둘째는
계량기가 터져
몇 날 며칠 강추위에 떨어야 했다

삼한사온은 사라지고
연이은 추위는 앙칼지고 매섭다

지구촌 곳곳
한파 뉴스에 경제마저 꽁꽁 얼어붙었다

도를 넘은
지구가 점점 미쳐 가고 있다

부처를 만나다

새벽을 열면 두 부처를 만난다

칠보사 뒷마당에 우뚝 서 있는
은진미륵 돌부처와
당수동 블루베리 농막에 4대째 살고 있는
살아있는 부처이다

돌부처는 비가 오나 눈이 오나
늘 변함없는 모습으로 중생을 계도하고
두 손 모으면 따뜻한 마음 한 사발 떠준다

교통사고로 왼팔을 잃고 술에 젖어 사는 생불
늘 웃는 모습으로
새벽마다 당순이 손을 잡고 산책을 한다
반려견의 밀린 숙제도 해결하고
단짝과 소통하며 하루를 시작한다

칠보산 내려오는 길
농막에 들러 따끈한 차를 함께 마신다
직접 키운 호박 가지 오이 야채를

이웃에게 듬뿍듬뿍 나눠주는 생불

두 부처님 가피加被에 오늘이 편안하다

봄의 귀

이월의 귀는 가장 작은데
봄이 오는 소리는 제일 먼저 듣는다

작은 귀 쫑긋 세우고
먼발치 설익은 봄의 숨소리 끌어당긴다
바람이 구름이 가르쳐준 태교가
새봄 찾아 눈발 헤치고 세상에 나왔다

드넓은 겨울바다 던져놓은
봄의 코를 당기는 긴 낚싯줄은
얼음덩이에 갇힌 소리를 낚는다

남쪽바다 따뜻한 바람
모래사장 발자국 쓸어간 파도
찬바람 맞서는 동백의 붉은 고독을
짧은 귀로 바짝바짝 당긴다

분주한 이월의 귀
선암사 화엄사 검붉은 홍매화
광양 매화마을에서 터트린 봄 눈

순풍을 단 듯 사방으로 퍼져 나간다

이월의 귀가 붉어진다
싱그러운 봄이 눈발에 흩날린다

허리의 힘

중산층이 두꺼우면 건강하다
단단한 기둥 쉬 무너지지 않듯
허리가 반듯하면 어떤 아픔도 이길 수 있다

가난도 짧은 가방끈도
부실한 허리를 물려받은 몸
아버지는 환갑 무렵에
허리 수술 두 번 받고 힘들게 구순을 살았다

어머니도 칠순 무렵
허리 수술을 받았는데
재활 치료를 소홀히 해 십 년을
누워 지내다 팔순을 앞두고 가셨다

새벽 산도 오르고
테니스 탁구도 열심히 하며
부실한 허리를 달래 칠십 중반 넘었다

지난해 새벽산행을 하다
나무 끌텅에 걸려 넘어진 허리

대충 치료한 것이 탈이 났다

걸을 때 운동할 때 통증이 찾아온다
몇 년은 더 써야 하는데 다친 허리가 불편하다

마무리 대본을 쓰다

칠십 중반을 되돌아보면
나는 절반의 성공을 거둔 삼류연기자다

가난한 팔남매 장남은
책가방을 공장에 맡겨두고
비료 값 설빔 농자금을 벌었다

탱크 조종사로 근무하고
공직생활 중 귀양도 감사도 받으며
다행히도 인생 1막을 무난하게 마무리 했다

본분을 다한 작가의 통찰력
뛰어난 안목이 돋보이는 대목이다

마무리 대본은
꼭 내 손으로 쓰고 싶다

죽는 날까지 걷고 글 쓰고
경로당 요양원은 가지 않는다
연명치료 거부하고 큰 수술 받지 않는다

병원비 장례비용은 내가 마련한다
새벽 산행과 탁구 기타 일상은 거르지 않는다
화장한 가족장을 산에 뿌린다

팔십 바라보는 나이
살날이 얼마나 남았는지 모르지만

세상에서 가장 아름다운 광경

 펄벅 여사가 경주를 방문했을 때 지게에 볏단을 지고 소달구지에 볏단을 싣고 가는 농부에게 물었다 달구지에 짐을 싣고 타고가면 편할 텐데 왜 걸어가느냐고,
 나하고 소는 하루 종일 똑같이 일했는데 소에게만 무거운 짐을 지울 수 없어 나누어지는 것이라고 했다

 집집마다 주렁주렁 열린 감나무, 서리가 내릴 무렵 나무마다 서너 알씩 남아있는 것을 보고 의아해 물었다 추운 겨울 산새들 먹이로 남겨 놓은 까치밥이라는 말을 들었다 씨앗을 심을 때도 하나는 하늘에게 하나는 땅에게 하나는 내가 먹을 수 있게 세 알을 심는다는 말도 들었다

 대지 작가 펄벅여사 우리나라 곳곳을 둘러본 뒤 어느 문화유적보다 소를 배려하는 마음, 겨울새를 위해 남겨 둔 까치밥, 벌레 먹이까지 챙기는 모습은 내가 세상에서 본 가장 아름다운 광경이라고 적었다

 펄벅여사 그토록 칭송했던 배려하는 마음이 지금은 얼마나 남아있을까

경칩

삼월의 초입 무렵
두꺼운 옷 껴입은 새벽 산을 오른다
안개 자욱한 검은 숲길을
우산도 없이 걷는다

어디선가 들려오는
와글와글 요란한 소리
고요한 새벽 산자락을 깨운다

기러기떼 날아오는가
무심한 하늘을 바라보는데

약수터 다람쥐공원 야경
다랑이논 거느린 둠벙에서
개구리들이 개굴개굴 봄을 부른다

무슨 용기로 떼로 모여
그림자도 보이지 않는 봄을 부르는가

개구리 울음에 놀란 산야가
가지마다 물을 퍼 올리는 중이다

봄이 온다

칠보산의 봄은
다람쥐공원에서 온다

등산로 약수 한 사발
싸늘한 기운 허리 두르고
땅속에 끌어온 따스한 온기를
우듬지 초리까지 퍼 나른다

하얀 매화 눈발 날리고
가지마다 노랗게 매달린 산수유
세찬 바람 가녀린 봄소식
작은 연못 버들강아지 발이 시리다

삼월이 저물어갈 무렵
약수터 개심사 용화사 입구
진달래 축제 알림판 눈길 붙들고
헐벗은 칠보산 진달래 군락
화전 부치는 아낙네 얼굴이 빨갛다

막걸리 한 잔에 봄이 한 뼘이나 자랐다

윤달閏月

싸늘한 기운을 껴입은
2월 윤달이 삼월 끝자락에 걸렸다

공달 썩은 달
신이 관심을 두지 않은 손 없는 날
한 달 내내 이어진다

여기저기 봄소식
산등성이 진달래꽃도
봄을 설계하느라 밤잠을 설친다

사 년 만에 찾아온 손 없는 달
윤달에 이장하면 탈이 없다는 소문에
고인을 연립 아파트에 모시려고
화장장도 신바람 났다

화장장은 하늘 별 만큼 잡기 어렵고
사방에서 불러대는 바람에
윤달은 눈코 뜰 새 없이 바쁘다

아리랑

나를 버리고 가시는 임은
십리도 못가서 발병이 난다

우리나라 대표 민요로
세상에 가장 사랑받는 노래 압도적 1위
한 서린 여인의 애절한 노래
민족 애환이 깃든 애달픈 노래

수많은 나라가 부르고
미국 캐나다는 찬송가 멜로디로
많은 사람들의 사랑을 한 몸에 받는다

작가의 뜻 정확히는 알 수 없지만
어릴 때는 그렇게 배웠다

아我 는 참 나를
리俚 는 알다 를 의미하고
랑朗 은 즐겁다 다스리다 뜻이다

참 나를 찾는 즐거움
나를 찾는 일 소홀하지 말란다
나를 버리면
십리도 못가서 후회한다고

약비

청명이자 식목일
어젯밤 우르르 떼로 다녀갔는지
군데군데 물먹은 새벽길 우산 들고 걷는다

어둠이 채 가시지 않은
택지개발로 사라질 오룡골 돌아
부슬부슬 비 내리는 칠보산을 오른다

오랜 가뭄 해갈한 단비
만발한 봄꽃 약비를 보듬는다

다람쥐공원
다랑이논 거느린 작은 방죽
왜가리 두 마리 이른 아침을 드는데
마실 나온 고라니 한 마리
발자국소리 놀라 바람처럼 사라진다

고마운 약비에 나무들은
하나둘 파란 입 열고 어깨를 펴기 시작한다

온 산야가 파랗게 물들어간다

장이 죽었습니다

환절기 탓일까
봄기운 샘솟는 사월의 초입
갈수록 몸이 나른하고 무기력해진다

새벽 산도 꾸준히 오르고
매일 탁구도 열심히 치고 있는데

두서너 달 전
빙판길에 큰 대자로 벌러덩 넘어졌다
머리를 다치고 허리도 삐끗했다

별일 없겠지 생각하고
가볍게 넘긴 것이 탈이 난건가
하루 이틀 일주일이 지나도
먹기는 하는데 화장실 소식은 없다

열흘이 지났는데도 기별이 없어
부랴부랴 병원에 달려가 진찰을 받았다

장이 죽었습니다
장이 죽으면 어떻게 살아요
열심히 치료받으면 다시 살아나요

아프다고 내색을 하지 않은
장이나 나나 무디긴 정말 무디다

열하루 만에 볼일 보면서 몸의 언어를 받아 읽었다

떨어진 꽃봉오리

승아가 하늘나라로 갔다
아홉 살 꽃봉오리
하굣길 네 명의 친구들
60대 음주운전 차량이 아이들을 덮쳤다

엄마 아빠 사랑 독차지한
귀염둥이 딸

책가방 들고 웃으며 갔던 아이
헐레벌떡 달려와 와락 끌어안고
밥 달라고 응석 부릴 아이는 말이 없다

음주운전 사고 없는
하늘나라에서 마음껏 뛰어놀아라
지켜주지 못해서 미안하고 미안하다

엄마는 승아를 가슴에 묻었다
다음 생에 만나 못다한 사랑 꽃피우자 울먹인다

음주 운전자는 살아남고
어여쁜 아이는 죽었다

제3부

티켓 한 장

티켓 한 장 손에 들고 나온다
금수저든 흙수저든 한 사람도 빠짐없이

티켓 이면에는 세상에 놓고 갈 당부도 잊지 않았다

세상의 것들은
뜬구름처럼 흘러가는 허상이니
욕심내지 말고 화내지 말고
어리석은 짓은 하지 말라고

이왕에 나왔으니
드넓은 고해의 세찬 파도를 온 힘으로 헤쳐나가야 한다

어리석은 사람들
허상, 환상인지 모르고
무엇이든 움켜잡으려 탐욕을 부린다

돌아갈 티켓을
마음에 담아두면 고해 바다를 쉽게 건널 수 있다

잡초나라

수천 년을 방랑하다
나라를 세운 이스라엘처럼
코로나가 기승을 부린 틈을 타
둠벙을 가운데 두고
위로 세 다랑이, 아래로 네 다랑이
갈대 억새들이 나라를 세웠다

고추 배추 감자밭 한쪽 발 디밀고
뽑혀나가면 또 한쪽 발 내밀며
목숨을 걸고 세운 잡초의 나라

코로나 성할 때 안락한 평화 누렸는데
코로나 끝 무렵 돌아온 일손
세 다랑이 잃었다

러시아에 땅을 빼앗긴
우크라니아처럼 버틸 여력이 없는
잡초나라는 대책 없이 무너져가고 있다

남은 땅덩어리도 언제
빼앗길지 몰라 발만 동동 구르고
뽑히고 뽑히면 또 솟아나오는
인해전술로 겨우 나라를 지키고 있다

잡초는 힘이 없지만
땅속 창고에 쌓아둔 수많은 씨앗들
끈질긴 생명력이 유일한 희망이고 자산이다

잡초 나라는 쉽게 무너지지 않는다

잔인한 달

사월의 마지막 날
사월을 장식했던 봄꽃들이
사월의 꼬리를 붙잡고 사라졌다

외사촌 동생 남편
나와 동갑내기
친구처럼 편하고 착한 사람이었다

이십일 전 담낭암 판정
손을 쓸 틈도 없이
서둘러 하늘로 갔다

오년 전 먼저 간 장남
아들 곁에 도란도란 잠들었다

예쁜 꽃 모두 쓸어가고
동생 남편도 데려간 사월이 떠났다

오월 무렵

바람을 등에 업은 동해안 산불에 몸살을 앓는다

푸른 오월이 입을 열자
찔끔찔끔 내리던 비
갈증 난 산야는
어린이날 연휴를 비로 반납하고
목마른 들녘은 이삼일 내내 흠뻑 젖었다

오랜만에 넉넉히 내린 비
써레질한 하늘바라기 다랑이논

먹이 찾아 물 헤집는 오리
외발 해오라기 먹이엔 관심 없는 듯
장승처럼 먼 산 바라보며 삼매경에 빠져든다

이삼일 내린 비에
기승을 부리던 산불은 잡혔다

해갈한 비에 봄의 어깨가 한 뼘이나 더 자랐다

여보게! 뭘 그리 많이 담나

돌아갈 때 버리고 갈 것들을
사서 넣고 얻어 넣고 빼앗아 넣고
지갑이 미어터지도록 또 채우고 있는가

나라 위해 일하라고 준 표를
개인의 사욕을 위해 그렇게 써도 된다는 건가

젊은이의 아픈 마음을
희망을 잃어버린 청춘들의
상심한 눈물은 누가 닦아 주는가

전세 살면서
한푼 두푼 모은 내 집 마련의 꿈을
산산조각 내버린 전세 사기왕은 또 어떤가

부모보다 가난한 젊은 세대는
꿈을 잃어버린 아픔을 견디지 못해
생을 포기한 청춘이 늘어나고 있지 않는가

지도자와 더 많이 가진 자들이
불법 탈법을 일삼으며 더 많이 가지려고
밤잠을 설쳐가며 날뛰고 있지 않은가

오늘도 젊은 청춘 하나 또 세상을 버렸다

외할머니

외할머니 사랑이 으뜸이다

어머니 낳아주시고
나를 태어나게 해주신
바쁜 엄마 대신 나를 돌봐준 엄마 같은

외할머니는 다섯 남매 낳았다
아들 둘을 친척 집 양자로 보내고
딸 둘은 읍내로 시집보내고
셋째 딸인 엄마는 한 집 건너 이웃에 살았다

참봉 벼슬한 외할아버지는
아편 중독으로 많은 재산 없애고
내가 태어나기 전에 하늘나라로 갔다

오남매를 남의 집에 보내고
홀로 밥 지어 먹는 외로움 어떻게 견뎌냈을까
유월 텃논에 물 담아 모내기 할 때쯤
백 년 넘은 누런 살구나무가 탐스럽게 익었다

살구 한 움큼 주머니에 넣어주고
아궁이 불 지펴 고구마 감자 구워주며
씩씩하게 자라라 사랑을 듬뿍 주던 외할머니

해마다 살구가 익을 무렵
남서울공원묘원에 잠들어 계신 외할머니 생각난다

칠보산 사파리

철조망 탱자 울타리도 없다
입장료도 없다

우거진 숲에는 어둠 걷어내는 새벽까치
명가수 휘파람새 아침을 노래한다

추임새 넣는 까마귀 쇠딱따구리 뻐꾹새
써레질한 논 해오라기 두루미 아침을 깨운다

눈망울이 순한 고라니
떼 지어 나온 두꺼비
길고양이 어슬렁거리는 길모퉁이
둠벙 청둥오리 두 마리
발소리에 놀라 밥상을 차고 오른다

찔레꽃 아카시아 꽃 흐드러지게 핀
칠보산 사파리는 오늘도 성업 중이다

아내 잔소리는 법문이다

하늘이 맺어준
엄마처럼 편안하고 따뜻한 여자

가난한 팔남매 장남한테
시집 와 시부모 시동생 뒷바라지
박봉에 힘겨운 삶 살아내고
두 딸 훌륭하게 키워낸 억척스런 여자

더러는
티격태격 다투기도 하지만
언제 그랬냐는 듯 늘 먼저 웃는 여자

많고 많은 여자 중에
내가 제일 사랑하는 여자

삼시 세끼 밥 챙겨주고
이거 신어라, 저거 입어라, 깨끗이 씻고 다녀라
나를 귀찮게 하는 단 하나뿐인 여자

날마다 아내 잔소리 부처님 법문을 듣는다

세상에 공짜는 없다

시 한두 줄 쓰면
살날이 하루 줄어든다

시집 한 채 지으면
살아갈 날이 일 년은 없어진다

매년 오두막 같은 시집을
일곱 채 지었으니
살아갈 날이 칠 년은 줄어들었다

매년 집을 지어 다주택자면
살날이 주택 수만큼 줄어들겠지

세상에는 거저 얻는 것은 없다
피 말리고 뼈 깎아야 시집 지을 수 있다

한번 사는 세상
시집을 많이 지어 놓고 떠나가면

누군가 시집에서
편안하게 쉬어갈 수 있겠다

엘리베이터 거울

아파트 오르내리는 사각의 공간
시선을 잡아끄는 거울이 걸려 있다

새벽 산행마다 마주하는 거울에는
세월의 흔적이 묻어나는
아버지 닮은 지긋한 할아버지가
날마다 웃으면서 나를 바라본다

매일매일 가는 시간을
어쩌지 못해 주름이 늘었다고
거짓말을 모르는
거울이 나에게 말해준다

스물넷 띠 동갑 아버지와
나는 너무 닮아
아버지처럼 살고 싶지 않았다

나를 낳고 일곱을 더 낳았는데
장남인 나는 딸 둘을 낳고 문을 닫아서
아버지 마음을 많이 아프게 했다

거울 속 할아버지는
점점 아버지를 닮아가고 있다

선물 받은 오늘 하루

살다보면
넘어지고 부러질 때도 있다

없어서 못 먹었는데
있어도 못 먹는 안타까움도 있다

바닥에 떨어져 허우적거릴 때도
정상에 올라 휘파람 불 때도 있다

시원한 고속도로 달리다가
가시밭길 에움길을 걷기도 한다

개똥밭에 굴러도 이승이 좋다는데
삶이 너무 힘들어
더러 멈추고 싶을 때도 있다

잠에서 깨어나 아침을
여는 것은 큰 행운이다

영겁의 세월을 견뎌야 몸을 받을 수 있다니,

언젠가 버리고 갈 몸뚱이지만
선물 받은 하루를 맛있게 버무린다

숲속을 거닐며

고요를 허리에 두른
안개 낀 새벽 산을 오른다

한 발 두 발 걷는 소리
잠에 취한 참나무 소나무 밤나무
숲의 가슴에 안겨 옹알거리는 산새들

나무는 무슨 생각을 하고 서 있을까
휘파람새 까치 까마귀
쉼 없이 재잘거리는 저 나라의 소리는
울음일까 노래일까

나는 누구인가
어디서 와서 어디로 가는 걸까
답 없는 화두를 들고 묻고 또 묻는다

세상에 나올 때
울고 나오는데 가족들은 웃으며 환호한다

세상을 떠날 때
웃으며 미련 없이 가는데
남은 사람들은 통곡하며 서럽게 운다

새벽 산행이 바람에 흔들린다

고마운 친구

뭐하니
약속 없으면 점심이나 먹자
새 시집 서른 권 가지고
12시 30분 당수농협 앞으로 나와라

풍년그린택 유이상 회장한테 전화가 왔다

번번이 도움 받는 미안함에
전화도 못하고 책 한 권 달랑 보냈는데
무명작가의 어려움을 아는지
귀한 시간 내어 찾아준 고마운 중학 동기

아름다운 왕송 저수지
경치 좋은 곳에서 막국수 앞에 놓고
보따리에 싸 온 소식을 풀어놓는다

고학으로 어렵게 대학을 나온 성공한 사업가
봉사하고 실천한다

십 년 후면 불편한 나이
의외로 돈 쓸 일이 많이 없다는 친구
실패한 기업인 쉼터를 만들고 싶단다

열심히 살아온 삶이 자랑스럽고
일상이 된 봉사 정신이 존경스럽다

빈 허공을 바라보며
손을 흔드는 내 가슴이 울컥 눈물에 젖는다

당수리를 아시나요

인천에서 안산을 거쳐
산업도로 따라 수원을 가다보면
첫 번째 우측 동네 당수리 마을

조상대대로 살아온 농촌마을
아파트가 들어서면서 도농복합마을이 됐다

사계절 아름다운 칠보산을 두르고
왕송호수 눈앞 펼쳐놓은 배산임수 마을
의왕 군포 화성 안산을 지척에 두고
사통팔달 도로망이 시원스레 뚫렸다

당수 1지구 2지구
개발의 망치소리 산자락 감아 돌고
사방에서 모여든 이웃 오순도순 사는 동네

새벽 창문을 열고
현관문 나서면 칠보산이 가슴 열어 반긴다
수원 땅 밟고 안산 땅을 밟고
안산 땅을 밟고 가다 수원 땅을 밟고

왔다갔다 하다보면 새벽산행이 환하게 웃는다

풀과 나무들 어깨춤 추고
산새들 숲에 안겨 노래 부르는 동네

수원 화성 안산을 한 자락씩 깔고 앉은
칠보산을 어깨에 두른 당수리는 편안한 쉼터다

교만의 성분

언제 어디서나
비온 뒤 죽순처럼 자란다

한여름 잡초처럼
뽑거나 밟아버리지 않으면
순식간에 커버려 감당이 안 된다

거름을 주지 않아도
솎아주거나 거들떠보지 않아도
틈새만 보이면 솟아올라 머리를 누른다

평생 고개 숙여 살던 사람이
돈 좀 모았다고 갑질로 배를 채우고

노란 완장 팔에 차면
대단한 벼슬을 한 것처럼
동네방네 골목을 거들먹거리고 다닌다

교만과 잡초는 동색이다
하루라도 뽑거나 밟아 누르지 않으면

손쓸 수 없이 무성하게 자란다

유월 끝자락 빗소리에
잡초가 무성하지 않도록 서둘러 뽑아야겠다

인생이란

삶이 별거 있나요
마음 가는 데로 몸 가는 데로
생각 없이 그냥 사는 거지요

흙수저로 태어난들 어때요
빈손으로 돌아가는데 고생 좀 하다 가지요
이 땅에 태어난 것만으로도
세계 1%의 부자가 되는 거래요

신작로 지름길로 안 가면 어때요
조금 늦더라도 에움길 돌아가다 보면
코스모스 개망초가 반겨주기도 하잖아요

헐벗은 채 혹독한 겨울 이겨낸
금은화 자매의 아린 사연도 들어보고
남의 둥지에 알 낳은 뻐꾸기의
말못할 슬픈 가슴도 어루만져주고
새끼 잃은 고라니 울음도 닦아주며 살지요

살아있는 것이 행복이래요
개똥밭에 굴러도 이승이 낫다고
지나버린 과거 연연하지 말고
불확실한 미래에 발 묶이지 말고

오늘이 마지막인 것처럼
곁에 있는 사람과 사랑하며 살면 되잖아요

시가 좋아 그냥 쓴다

시를 쓰면
돈은 많이 버나요
하나뿐인 손녀는 궁금한 것이 너무 많다

칠십을 훌쩍 넘긴 할아버지가
돈은 안 벌고 매년 시집을 내는데
맛있는 것도 사주고 만날 때마다 용돈도 주고

젊을 때 열심히 일해
매달 곳간에서 쌀이 나온다고 설명해도
고개를 갸우뚱거린다

칠순에 늦깎이로 등단해서
매년 오두막집 일곱 채를 지어
이제 어엿한 다가구 주인이 되었다

지을 때마다 재료값 빼고 나면
남는 것 없지만 흩어진 시들이
한 집에 모여 사는 것을 보며 위안을 삼는다

나는 알아주는 사람이 없어도
밥이 되지 않아도
그냥 시가 좋아 쓴다

누구나 읽기 편하게 쓴다

오월의 끝자락

쉼 없이 내리는 비
부처님 오신 황금연휴
어지러운 세상 밝히는 등불
사흘 내내 흘린 눈물에 젖는다

아카시아 찔레꽃 비에 떠내려가고
억척스레 겨울을 이겨낸 금은화는
줄기차게 내리는 비와 맞서고 있다

써레질한 다랑이논엔 해오라기 한 마리
청둥오리 두 마리 아침밥을 먹는다

늘어진 풀 나무들은
휘파람새 소쩍새 뻐꾹새 울음에
어깨를 추스르고
간간이 부는 바람에
젖은 마음을 말리고 있다

제4부

거미줄에 걸린 참새

울 힘도 눈물도 말랐다
긴 어둠에 발버둥치며 얼마나 무서웠을까

비닐하우스 귀퉁이
참새 한 마리가 거미줄에 걸려 늘어져 있다

얼마나 지쳤는지
퍼덕이지도 울지도 않는다
그 많던 친구들은 어디로 갔는지

누가 믿을 수 있을까
거미줄에 참새가 걸렸으니
새가 웃을 일인가 거미가 웃을 일인가

거미줄 떼어내고 감싸 안는다
안도하는 건지 무서워하는 건지
숨 한번 몰아쉬고 눈만 깜빡 처분을 기다린다

허공에 날려 보냈더니 새벽 산행에 짹짹 인사를 건넨다

영원한 자유인

7월 초순 무렵
꿈틀대는 바다를 상에 올려놓고
십삼 년 만의 만남에 눈시울이 붉어진다

나이 차이는 많아도
농담 응석도 받아주는 큰 형님 같은
힘든 세상을 달관한 사람이다

오십 년 전 권총 하나 들고
일곱 시간 임진강을 헤엄쳐 넘어온 탈북 귀순용사*
간첩으로 오인 받아 온갖 고초를 겪고
3년 반 합동신문소에서 보낸 아린 사연도 있다

북한대위 중대장 출신으로
고급정보를 제공하고 심리 전술 교육
민방위교육 강사 국정홍보위원으로
30여년을 자유수호를 위해 온몸을 바쳤다

목련장 석류장 두 훈장
대통령 표창 봉사대상 문화상 받은 안보유공자다

술 커피를 사양하는 구순의 나이지만
아직도 자유수호를 외치는 영원한 자유인이다

* 김관섭(90) 안산시 거주

도마 인생

찬물 한 바가지가
고단한 하루를 씻어낸다

바다를 떠나기 전 숨을 거둔
갈치 비린 내음 날선 칼날에 묻어 있다

발버둥치는 낙지
아주머니 날선 칼날에
온몸 난도질당한 아린 흔적
끝내 힘겨운 몸을 풀어놓는다

젊은 날 깊은 산속에서
동문수학하던 도반들은 어느 하늘 아래서
사라져가는 별을 헤고 있을까

한 방울 물기마저 버린
아무짝에도 쓸모없는 막대기
최잔고목催殘枯木처럼 모든 걸 비워내는 수행자

열 식구
가난한 지게에 올려놓은 아버지는
논두렁 밭두렁을 포행하는 수행자였다

나는 이 세상에 없습니다

언제인지 모르지만
나는 이 세상에 없습니다

아니 처음부터 나는 없었습니다
있는 듯 없는, 없는 듯 있는
들녘 허수아비 같은 허상입니다

나인 것처럼 착각하며 살아가지만
못쓰게 되면 버릴 물건입니다

짧은 시간 틈틈이
나는 누구인가 어디서 왔는가
어디로 가는가 물어보지만
답 없는 메아리입니다

이 세상 떠날 때까지
모르고 떠난다 해도 후회는 않겠습니다

분명한 것은 언젠가 나는
이 세상에 없다는 것입니다

어느 찰나의 순간에
모든 것 비우고
내일이 없는 것처럼 오늘 하루를
오순도순 살다보면

이 세상 떠나는 날 영원한 자유인이 될 것입니다

씨앗은 쉽게 입 열지 않는다

고추 배추밭 기웃거리며
수없이 입을 열고 다가서지만
주인아주머니 시퍼런 눈살에
뽑혀나가는 일이 지루하게 반복된다

당수 2지구 개발로
보상을 받은 논밭들이 휴업을 하자
어디서 모여들었는지
수만 평 노는 땅 잡초가 나라를 세웠다
이름 모를 잡초들이 군데군데 터를 잡는다

관심 없는 아로니아 밭에는
까맣게 익은 열매 사이로 잡초들이
무성하게 자라나 생존경쟁을 벌이고 있다

씨앗들은 때가 아니면
십 년 백년 천년도 기다린다
신라 고분에서 이천 년 넘는 씨앗이 나왔다

보도블록 시멘트 금 간 사이
조건 맞으면 언제든 뿌리 내리지만
때가 될 때까지 기다리며 입을 열지 않는다

잡초가 살아가는 생명력의 비결이다

장내시경 받는 날

시련의 땅 팔레스타인엔
서로 다른 두 개의 바다가 있다

요단강물이 흐르는
살아 있는 갈릴리 바다와
생명체가 없는 죽음의 바다 사해

숨 쉬는 갈릴리 바다는
한 방울을 받으면 한 방울을 내보내는데도
죽어 있는 바다 사해는
물을 가두기만 하고 한 방울도 내보내지 않는다

끌텅에 걸리고 빙판에 넘어져
장에 이상이 생겼는지 대변이 불편하다

일흔여섯을 살면서
처음이자 마지막이 될지도 모르는
장내시경 검사를 받았다
식단 조절하고 흰밥 쌀죽 먹고 금식하고
알약 두 주먹 물에 배불리 말아 먹은

꿈속을 헤매는 내시경은
장에 남아있는 찌꺼기 때문에
하루 종일 내린 극한 호우 속으로 떠내려갔다

다시 해보라는 의사 선생님 말씀이
힘들게 느껴지는 비 젖은 하루다

짧은 가을

산들바람 부는 가을 하늘
빈 허공을 긋는 고추잠자리 한가롭다

알에서 깨어난 유충들은
수년 동안 물속에서 고난의 행군을 한다

힘이 센 무법자다
억센 턱은 온갖 것을 먹어 치우고
어린 물고기 방게 소금쟁이를 잡아먹는다
올챙이를 즐겨 먹는데
올챙이가 개구리가 되면 잠자리는 그들의 먹이가 된다

유충이 성충 되어
늘그막에 예복 곱게 차려입고
십사일 남짓 짧은 꿈같은 여행을 한다

파란 가을 하늘 아래서
황홀한 짝짓기로
잠자리는 알 낳고 긴 여정을 마무리 한다

짧은 생이지만 그들에겐 일생이다

죽음을 알면 세상이 보인다

산들바람 부는 가을 하늘
태어나지 않았으면 죽을 이유가 없다
세상에 나왔으니 살아야 하고
죽어야 하는 두려움이 가슴을 짓누른다

하루 사는 하루살이도
이십여 일 산 잠자리 매미도
오천 년 사는 부리슬콘* 소나무도
천삼백 년 사는 기장군 장안리 느티나무도
사백 년을 사는 그린란드 상어도

하루 사는 곤충은 있어도
하루 사는 식물은 없다
걷는 동물들은 백여 년 남짓 사는데
움직이지 못하는 나무들은 수천 년을 산다

죽음도 삶의 일부
계절 바뀌듯 옷 갈아입듯 다가온다

바람처럼 구름처럼
마음 비우고 흐르다 보면 세상이 보인다

이 세상에는 영원히 사는 것은 없다

* 미국 캘리포니아주 소나무(5066살)

자동차 이별 여행

사십 년 손때 묻은 운전대가
아내를 옆에 태우고 여행을 간다

어쩌면 마지막일지 모르는
불안과 아쉬운 추억을 간직한 운전대
아내는 오랜만에 떠나는
여행이 싫지 않은 듯 얼굴이 편안하다

너무 낡아버린 면허증
운전에 어려움이 많고
탈 일도 별로 없는데 유지비가 많이 들어
자의 반 타의 반 올해는 운전대를 놓기로 했다

무더위 장마 기승부리는
칠월 중순 무렵 빗속을 미끄러져 간다

청양 석굴암에 들러 하얀 배롱나무
선운사에 들러 연분홍 배롱나무 앞에 두 손 모은다

아내 꿈이 서린 장인 장모 살던 빈집
처음 만나 아내와 사랑을 나누던 해리면사무소
낡은 운전대는 추억을 하나하나 기억해낸다

고령사회로 가는 운전대는
이별이 아쉬운지 며칠째 빗속을 서성이고 있다

버려지는 것들의 노래

또 버려질 의자가
할머니들의 굽은 허리를 보듬고 있다

칠보산 입구
쓰레기장 되어버린 작은 숲에는
폐플라스틱 의자 냉장고 가전제품이
나무 사이 쓰레기 더미에 널브러져 있다

오 분이면 도는 산책로를
지팡이 할머니들은 이삼십 분 걸린다
버려진 노랑 빨강 하얀 플라스틱 의자를
참나무 그늘이 손수건으로 잘 닦아놓았다

숨이 찬 세 할머니들
한 바퀴 돈 뒤 의자에 마주앉아
골목바람이 전하는 이야기 풀어놓는다

당수2지구 개발이 숲길 없애고
보상 받은 나무들은 어디로 갈는지
등 굽은 할머니는 어느 숲길을 걸어야 할는지

폐플라스틱의자들은
또 어디에 버려질지 모르는 순간에도

부실한 허리가 자꾸 눈에 밟힌다

인생 터미널

호스피스병동은
헌 옷 벗고 새 옷 갈아입는 환승역이다

굼벵이가 숨을 거둘 때
새 옷 갈아입은 숲 그늘에서
매미가 되어 이십여 일 머물다 가듯

잠자리 유충이 생을 마감할 때
새 옷 갈아입은 가을 하늘에서
보름 남짓 쉬었다 가듯

사람들도 터미널에서
작게는 두 달 많으면 일 년 남짓
그동안 입었던 옷을 벗어놓고
간편한 새 옷으로 갈아입는다

구천을 떠돌 때
힘들지 않도록 빈 걸망에는
아내 자식들 사랑을 듬뿍 담고
힘들여 쓴 시집 한두 권 챙겨 넣는다

호스피스병동은
삶을 잘 갈무리하고
새출발 하는 인생 터미널이다

영혼이 메말라 간다

소크라테스는
청년들에게 영혼을 말한 죄로 죽었다

핵가족시대
밥상머리 교육이 사라지고
학생 인권은 날고 교권은 땅에 떨어졌다

수학 영어 한 문제 더 맞추려는
과열 경쟁이 윤리 도덕을 집어삼키고
영혼 없는 교육이 대세를 그르치고 있다

열대야로 몸살을 앓은
팔월의 초입 무렵 도시 한복판
대형 백화점에 묻지마 살인이 일어났다
한 명이 죽고 열세 명이 다쳤다

벌써 인터넷에는
살인 예고 글이 수없이 올라오고
모방범죄가 일어날까 전전긍긍

장갑차 경찰 순찰을 강화하고
소 잃고 외양간 고치듯 법석을 떨지만
일회용 처방일 뿐 근본 대책은 보이지 않는다

이기심 가득한 영혼 없는 교육이
파란 하늘을 시커멓게 물들이고 있다

느티나무

여름 문이 열리면
실바람 끌어와 그늘을 엮는다

풍뎅이 불러 마당 쓸고
휘파람새 노래 가지에 걸어놓은
매미 공연은 새벽을 깨우고
다람쥐 곡예가 눈길을 붙든다

열대야가 길어지면
그늘은 높은 값으로 팔려나간다
여름 한 철 파는 그늘은
긴 겨울의 강을 건널 양식이다

매미소리 멀어질 때면
그늘은 떨이로 헐값에 팔려나가고
식솔들은 엄마의 품안에 겨울을 난다

아버지는 팔 남매를
낡은 지게에 올려놓고
등 굽은 허리는 오매불망

논두렁 밭두렁을 헤매고 다녔다

수호신 동구 밖 당산나무
아버지는 팔남매 그늘 느티나무였다

영웅*의 탄생

좋은 환경이 위대한 영웅을 만든다

나라 구한 영웅은 누군가 도움으로
자기 역량을 마음껏 발휘할 수 있었다

촉 있는 사람 눈에 들어
여섯 단계 뛰어넘어 삼도수군통제사가 된다
거북선 만들고 군사 담금질로
수많은 전투에 왜군을 수장시키고
육로를 차단해 군량미 수송을 막았다

한양에 압송되어
왕을 비롯한 199명 문무대관이
사형을 집행하라고 아우성일 때
장군을 추천한 류성룡도 손 놓고 있는데
전쟁 중 장수를 해임하는 것이 아니라는
오직 한 사람 이원익 대감 고집에 살아남았다

열두 척 배로 수백 척 왜선을 침몰시키고
지루한 전쟁을 승리로 이끈

마지막 전투 왜군의 총탄에 맞아 생을 접는다

전쟁 승리로 의기양양하게 돌아온
로마 장군들 남은 삶을 알기라도 하는 것처럼

* 성웅 이순신

시詩를 쉽게 써야 하는 이유

태어난 시집이
유명 작가 집에 가면 책 무덤에서
허송세월을 보내지만

살아오면서 시집 한 권 받아 본 적 없는
시 한 줄 읽어 본 적 없는 지인은
소중히 간직한다

난해한 글
화려한 시도 쓸 줄 모르는 나는
창작지원금 한 번 받아본 일 없지만
시가 좋아 일기를 쓰듯 매일 글을 쓴다

1호 독자도 격려하는 독자도 생겼다
내 시를 가장 좋아하는 독자는 나 자신이다

내 시 좋아하는 독자의 대부분은
시를 모르는 평범한 사람들이니

누구나 읽을 수 있게 쉽게 쓴다

해설

해설

자연이 펼치는 서사와 시의 조력자들

마경덕(시인)

　계절의 변화에 민감한 이두철 시인은 자연이 보내는 '내밀한 신호'를 읽어낸다. 시인의 관찰력은 칠보산의 사계절과 그곳에 살고 있는 동식물의 표정까지 작품 속으로 끌어와 낱낱이 기록한다. 하루도 빠지지 않고 오르는 칠보산은 시인에게 '깊은 사유'와 '시적 에너지'를 주는 보고寶庫이다. 삶에서 마주치는 자연은 외부와의 관계에서 갈등하며 고립되어가는 메마른 사회의 마중물이 되어 '한 권의 기록'으로 태어난다.
　시인이 마주친 자연이라는 공간은 건전한 하루의 출발점이며 '삶의 촉매 역할'을 하는 곳이다. 계절마다 변화하는 자연은 '활력을 주는 텍스트'로서 기능이 있다. 작품 한편의 의미보다는 '칠보산'이라는 공간 전체가 시인의 일상을 담은 '한 권의 작품'이라고 볼 수 있다. 자연이 펼치는 서사에는 꿩, 청설모, 고라니, 개망초와 진달래, 주말농장, 교통사고로 왼팔을 잃고 농막에 사는 부처 같은 조력자들이 존재한다.

  자연에서 벌어진 서사가 개인의 경험과 만나 '작품의 중심축'을 이루고 있다. 자연과 인간의 삶의 경계, 서로 다른 조각을 하나로 연결하고 접합시켜 자연이 곧 우리의 생활과 밀접한 관계에 있다는 사실을 이두철 시인은 '시'로 증명하고 있다. 그의 시집 일곱 권에 등장하는 칠보산은 끊임없이 시를 낳는 '시의 산실産室'이다.

    누가 개망초라 부르는가

    비탈길 다랑이논 한두 송이
    감자 고추밭 고랑에 내민 하얀 얼굴
    독립군처럼 살아온 세월이 얼마인가

    누가 보아주지도 않고
    귀엽다고 어루만져주지 않아도
    종족을 지키려 흘린 눈물은 또 얼마인가

    살다보니 이런 세상도 있구나
    당수 2지구 개발로

보상을 받은 논밭들이 일손을 놓아버리자
어디서 모여들었는지 개망초들이
순식간에 들판을 하얗게 점령해 버렸다

수만 평의 넓은 땅에
군데군데 촌락을 이루어 나라를 세우고
자유 찾은 만세 소리에
파란 유월은 하얗게 불타고 있다

개발 망치 소리 가까이 다가와도
밀려날 개망초는 영원히 사라지지 않는다
- 「사라지지 않는 개망초」 전문

  이두철 시인은 주변의 사소한 경험에서부터 출발해 자신의 주거지역인 도시의 일상적 풍경을 그만의 시선으로 풀어내고 있다. 시인이 주목하는 것은 '잡초의 힘'이다. 어떤 식물체의 한 종種이 집단을 이루고 재배작물에 방해 작용을 하면 그 식물체는 잡초로 간주된다. 작물을 재배하는 농부의 입장에서는 그 밭의 생장을 방해하는 식물은 쓸모없는 잡초이다. 농사에 피해를 주어 생산을 감소시키고, 농경지의 경제적인 가치를 떨어뜨리는 식물은 모두 잡초가 되어 뽑혀나간다. 도시 개발로 인해 비어 있는 논밭의 주인공은 당연 잡초들인데 그 중에서도 번식력이 좋은 개망초가 으뜸이다.

북아메리카가 원산지인 개망초는 귀화식물이다. 망초라는 이름에서 느껴지듯이 밭을 망치는 풀이라고 망초亡草라고 불린 개망초는 구한말 일본이 우리나라를 침략하고 철도공사를 할 때 침목에 씨가 묻어 들어온 것으로 추정되고 있다. 철도 개발 당시 철길마다 망초가 퍼지기 시작하고 강제로 체결한 을사조약으로 나라가 망했다고 '망국초' 라는 누명을 쓰게 되었다고 한다.
　번식력이 좋아 척박한 땅에서도 잘 자라는 개망초는 밭농사를 방해한다고 농부들이 '눈엣가시'처럼 여긴 꽃이다. 행실이 형편없는 사람을 비속하게 이르는 말이 '개'인데 꽃이 얼마나 보기 싫었으면 '개'가 붙게 되었을까. 꽃의 입장에서는 억울한 이름이겠다.
　하지만 개망초는 꿋꿋하게 영역을 넓혀간다. 당수 2지구 개발로 보상을 받은 논밭들이 일손을 놓아버리자 개망초들이 모여들어 순식간에 수만 평 들판을 점령해버렸다. 한 장소에서 집단적 심리가 형성되고 군데군데 그들만의 나라를 세우고 자유를 외치는 만세 소리에 유월이 하얗게 불타고 있다. 개발을 서두르는 망치 소리도 두려워하지 않는 군집된 개망초들, 마치 어떤 억압에도 굴하지 않는 독립군 모습이다.

　　열 평 남짓 주말농장
　　부추 상추 고추 파 강낭콩 오이
　　서로 다독이며 발자국소리 먹고 자란다

두어 평 열무밭에는
손길 뜸한 사이 **빽빽**하게 자란 열무들이
빈 허공에 그림 그리듯
유월의 하늘을 파랗게 써내려간다

무성하게 자란 자모들
띄어쓰기 게을리 한 행간은
다듬지 않은 초고처럼 혼란스럽다

솎아내지 않은 열무밭에는
벌레들이 모여들어 까치들을 부르고

달팽이들은
책장마다 송송 구멍을 뚫고
군데군데 촌락을 이루고 나라를 세운다

뚫어진 구멍으로
바람 햇살을 끌어다 앉히고
띄어쓰기와 뒤틀린 행간을 바로 잡는다

열무 밭 한 장이 사라지면
달팽이들은 또 어디에 나라를 세울까

-「달팽이 나라」전문

시인의 작업을 들여다보면 '그의 일상'이 떠오른다. 시인의 작업 과정은 자연친화적이다. 열평의 주말농장에 주말농장에 부추 상추 고추 파 강낭콩 오이가 지면에 배치되고 빽빽하게 자란 열무들이 행간을 차지하고 있다. 잠시 눈길을 게을리하면 다듬지 않은 문장처럼 열무밭은 혼란스럽다. 곧 이어 표면 위로 꾸물거리는 달팽이와 벌레들이 등장한다. 주말농장 열 평의 밭은 쉼 없이 꿈틀거리는 생명들이 자라고 있다. 바람도 햇살도 오가는 빗방울마저도 모두 이곳에서 꿈틀거린다. 달팽이는 농작물을 갉아먹는 해충이지만 열무밭이 사라지면 "달팽이들은 또 어디에 나라를 세울까"를 먼저 염려한다. 치밀한 구성과 유기적 꿈틀거림을 통하여 시인은 이 열무밭의 주인이 인간만이 아닌 미물도 함께 공생하는 '공존의 장소'라는 것을 보여준다.

송송 구멍이 난 열무 이파리도 책장으로 바라보는 시인은 지금 열무밭 한 권을 바라보며 시를 쓰는 중이다. 보편적 소통이라는 '자신만의 궤적'을 그리며 독자에게 친근하게 다가가는 이두철 시인은 자연과 생명의 소중함에 각별한 애정을 쏟아낸다. 대상에 대한 관찰, 경험, 몰입은 작품 속에 녹아있다. 작품의 소재를 제공해 주는 자연은 시인에게 각별하다. 날마다 자연에서 만나는 동식물들이 시를 짓게 만드는 '동력'일 것이다. 「달팽이 나라」는 현실의 각박함과 이기적인 사회적 관계와 '공생의 의미'를 동시에 되돌아보게 하는 작품이다.

2023년 한해가
달력 사이로 구름처럼 흘러간다

유년의 시간은 더디게 갔는데
환갑 고희를 넘긴 시간은
뒤도 돌아보지 않고 바람처럼 지나간다
세월의 머리채 붙들고 사정해도
꼬리 붙잡고 늘어져도 소용없다

한 해가 저물어도
아쉬워하거나 슬퍼하지 않고
테니스 탁구 기타도 치고
칠보산 오르며 노래도 부르고
무딘 머리로 시도 한두 줄 쓰며
봄이 오면 어김없이 시집을 짓는다

나이와 함께 늘어나는 시집
몇 채나 더 지을지 나는 알 수가 없다
-「세월아 좀 천천히 가자」 전문

 이미 지나간 시간을 거쳐 확인된 현재, 아직 만나보지 않은 불투명한 미래, 각기 다른 거처에서 정해진 시간과 마주치며 우리는 살아간다. 흘러가는 시간이 세월이다. 지구가 한 바퀴 돌면 24시간 즉, 하루가 간다. 지구가 스스로 도는 그 자전 속도는 얼마일까? 지구의 지름은 약 12,000km, 지구의 둘레는 약 37,680km이므로 지구는 1초에 약 430m의 속도로 자전하고 있다고 한다. KTX는 시속 300km, 1초에 83m를 달린다는데 세월의 속도가 KTX보다 다섯 배나 더 빠른 셈이다. 그러니 누가 그 빠른 세월을 잡을 수 있으랴.

이두철 시인은 시간의 흐름을 담담하게 받아들이고 주어진 시간을 알뜰하게 사용하고 있다. 늦은 나이지만 테니스와 탁구를 치고 기타도 치고 산을 오르며 노래도 부르고 틈만 나면 시를 쓴다. 그리고 해마다 시집을 짓는 것이다. 여느 청년 못잖은 열정과 패기로 주어진 여생을 호기롭게 살아간다. 그의 장점은 무엇보다 '성실함'이다. 대개 인간은 타인에게 인색하고 자신에게는 너그럽지만 이두철 시인은 자신에게도 엄격하다. 어느 모임이든 지각 한 번 하지 않고 늘 약속을 지킨다.

늦깎이로 출발해 해마다 시집 한 권을 꼬박꼬박 내는 이두철 시인은 '자신과의 약속'을 잘 지키고 있다. 초기 작품 이후 최근까지 계속해온 주제는 한 치 앞도 모르고 불완전하게 살아가는 사람들에게 '어떻게 살아야 하는가'에 대한 본질적인 물음과 답변이었다. 시인은 욕심부리지 않고 살아가는 중용의 모습을 일관성 있게 보여주었다.

권세와 명예, 쌓아둔 재물도 다 부질없는 것들이라며 덧없는 삶의 무상함을 빈손으로 왔다가 빈손으로 간다는 공수래공수거空手來空手去에 비유하였다. 「세월아 좀 천천히 가자」는 나이는 많지만 아직 할 일이 많다는 노익장의 자신감과 의욕이 담겨 있다. 주어진 삶을 헛되이 보내지 않고 최선을 다해 즐길 수 있는 자세를 또래의 사람들에게 확인시키며 권유하는 작품이다. 하루하루를 보람있게 보내는 시인에게는 주어진 삶에 책임을 다하는 성실한 답변이다.

건강하세요 행복하세요
오가는 덕담이 새벽의 문을 열고
밤새 힘을 충전한 태양은 힘차게 솟아오른다

두 발은 토끼처럼 뛰고
세 발은 조심조심 걷고
네 발은 등 굽은 허리로
엉금엉금 걷는다

낙엽 카펫을 깔아놓은
야생화단지 층층나무 쉼터
시원한 바람 그늘도 걸어놓고
소쩍새 휘파람새노래도 나뭇가지에 걸어놓는다

두 발로 걷다가 세 발로 걷다가
네 발로 걷다가 언젠가 한 줌 흙으로 돌아가는 길

> 1억5천 년 칠보산 가진바위는
>
> 쭉 뻗은 참나무 소나무처럼
>
> 어깨를 펴고 두 발로 당당하게 걸으라고 한다
>
>   – 「좋은 아침 만들기」 전문

 몸이 오랫동안 학습한 반복행동이 습관이다. 나쁜 생각만 계속하면 몸은 나쁜 쪽으로 굳어져 나쁜 행동이 나온다. 범죄자들은 대부분 같은 죄를 반복해서 짓고 교도소를 들락거린다. 왜 나쁜 습관을 버리지 못할까. 이미 나쁜 일에 생각도 몸도 익숙해 있기 때문이다.
 괴테는 "어떤 행동을 실행하여 실패하는 것보다도 자신의 우유부단한 습관을 두려워하라"고 하였다.
 좋은 아침도 그냥 오지 않는다. 스스로 좋은 아침을 만들어야 한다. 이미 알고 있는 좋은 것들, 누구나 할 수 있는 것들도 우리는 실천하지 못하고 살아갈 때가 많다. 이두철 시인은 어떤 자세로 좋은 아침을 만들고 있을까. "건강하세요 행복하세요/오가는 덕담이 새벽의 문을 열고/ 밤새 힘을 충전한 태양은 힘차게 솟아오른다"고 한다.
 감정에도 습관이 있다. 이처럼 행복한 사람은 감정 습관이 긍정적이다. 나쁜 감정이 내면에 쌓이고 쌓이면 사소한 일에도 불평과 불만이 터져 나온다.
 이두철 시인은 일찍 일어나 산에 오르며 만나는 사람들에게 기분 좋은 덕담을 보낸다. 누군가의 한마디에 분

위기가 밝아지고 기분도 전환된다. 행복바이러스는 주변에 행복한 기운을 퍼뜨린다.

갈등, 상처, 분노, 미움, 좌절 등에 대처하는 감정 다스리기는 '지속적인 반복훈련'으로 가능하다고 한다. 미움을 해체하고 분노를 편집하고 낮은 자존감을 끌어올려 행복한 감정으로 채우는 훈련 역시 지속적으로 이행되어 습관으로 나타나야 한다. 우리의 인생은 그리 길지 않기에 후회 없이 살아가려면 참나무 소나무처럼 어깨를 펴고 당당해야 한다. 좋은 습관이 보내는 파장은 '긍정적인 기류'를 만들고 좋은 하루를 만든다. 시인이 표현하고자 하는 올바른 삶의 방식은 좋은 습관에서부터 시작되고 있다. 이와 같은 맥락으로 이어진 시 한 편을 더 보기로 하자.

어제 죽은 자들은 아침이 없다

한 장 남은 달력
12월 끝자락은 꽁꽁 얼어붙고
새해를 잉태하는 겨울은 몸살을 앓는다

영하 15도를 오르내리는 한파
옷을 겹겹이 껴입고
엊그제 내린 눈으로 황량한 산야
한 발 두 발 칠보산을 오른다

어둠 밝히는 노란 초승달
새벽을 열고 아침을 깨우는 까치 고라니
얼어붙은 주말농장을 뒤지고 있다

발길 뜸한 등산로 찬바람 기웃거리고
한 줌 햇살이 그립다

죽비처럼 날아드는 세찬 눈보라
묵언수행 중인 칠보사를 걷는다

두 손을 모은다
오늘도 아침을 주셔서 감사합니다

— 「아침이 내게로 왔다」 전문

가만히 있어도 '아침'은 온다. 하지만 죽은 자들에게는 '아침'이 없다. 누군가 그랬다. "내가 거저 받은 오늘은 어제 누군가 그토록 간절하게 바라던 내일이었다"는 것을. 일상의 수많은 부딪힘 속에서 빚어지는 변화의 파장은 내일로 이어지고 모레로 넘어간다. 시인이 언급한 변화의 순간은 개인이 접한 일련의 사건과 일상에서 목격한 사고가 개입되고 있다. 전쟁과 같은 대형 참사는 영화 속에서나 일어날 법하지만 이와 유사한 스펙터클한 사건은 현실에서 발생하고 우리의 삶을 위협하고 침몰시

킨다. 실재와 가상, 삶과 죽음은 서로 혼재되어 한몸으로 나타난다. 내재된 불안과 일상을 기록한 이 작품은 인간의 힘으로는 어쩔 수 없는 신이 개입한 결과를 '오늘'의 첫장을 여는 '아침'으로 표현하고 있다. 12월 끝자락 "한 장 남은 달력"은 올 한해도 무사히 건너왔다는 것이고 신이 허락한 수많은 '아침'을 만났다는 것이다.

무언가를 마치고 시작하려는 지점에서 새해를 잉태하는 겨울마저 몸살을 앓는다. 새벽을 열고 '아침'을 깨우는 까치 고라니도 주어진 하루를 이어가기 위해 얼어붙은 주말농장을 뒤지고 있다. 찬바람 부는 발길 뜸한 등산로 한 줌 햇살이 그리운 날, 죽비처럼 날아드는 세찬 눈보라와 만나면서도 오늘도 아침을 주셔서 감사하다고 시인은 두 손을 모은다. 당연히 오는 '아침'도 누군가에게는 당연하지 않은 것이다. 일상이 요구하는 한정된 시간 속에서 '세월의 속도'에 저항하는 일은 무기력하게 하루하루를 낭비하지 않는 일일 것이다.

    세월이 익으면 깨달음을 얻는다
    아무것도 소유할 수 없음을

    죽도록 사랑한 사람들
    내 것이라 믿었던 몸뚱이
    치열하게 쟁취한 권력 명예도
    아등바등 움켜쥔 재물도 다 물거품이다

언젠가는 반드시 헤어진다
이 세상 어디에도 내 것은 없다

이 세상 졸업 여행 떠나는 날
텅 빈 가방에 무얼 담아 갈까

아무리 생각해도
지푸라기 하나 담아갈 수 없다

마지막 입고 갈 수의에도 주머니 하나 없다

― 「텅 빈 가방」 전문

　사람에게 '소유한다'는 것은 중요한 일이다. 하고 싶은 일을 하거나 원치 않은 일을 하거나 모두 노동에 따른 '대가'가 주어진다. 개인적인 소유를 기반으로 하는 경제 체제에서 살아가는 우리는 생산과 소비는 자발적인 의지로 이루어진다. 세상은 '너무 많이' 가진 자와 '적당히 가진' 자, 아무것도 '가지지 못한' 자들이 뒤섞여 살아간다.
　물질적 풍요와 개인적 권리를 누릴 기회가 증가하고 '인간 본연의 가치'보다는 '물질적 요소'로 치중하는 물질만능주의가 생겨났다. 경제적 욕구로부터 시작된 '인간의 이기심'은 자기 것에 대한 집착으로 나타난 것이다.
　농경 중심의 경제를 꾸려오던 우리 민족에게는 공동체

의식과 배려의 문화가 있었다. 서로 나누고, 자기 것을 주장하거나 집착하지 않았다. 그러나 산업화과정에서의 물질만능주의는 우리 전통의식을 깨뜨리고 자신의 이득을 위해 남을 속이고, 타인을 도구로 이용하여 욕망을 충족하며, 내 이익을 우선하는 세태가 나타나게 된 것이라고 한다.

이두철 시인은 세월이 흐르고 생각이 익어가면 이 세상 어디에도 내 것은 없고 아무것도 소유할 수 없음을 깨닫는다고 한다. 죽도록 사랑한 사람들, 내 것이라 믿었던 몸뚱이, 치열하게 쟁취한 권력 명예도 아등바등 움켜쥔 재물도 다 물거품이라는 것이다.

인생의 무상과 허무를 나타내는 공수래공수거, 사람이 아무것도 없이 빈손으로 태어나는 것처럼, 일생 내 것인 줄 알고 애써 모아놓은 재물이나 권세나 명예를 그대로 두고 빈손으로 간다는 것이니 지나치게 탐貪하지 말고 분수를 지키라는 것이다. 마지막 입고 갈 '수의'에도 주머니 하나 없다고 못을 박는다.

무엇보다 7집에서도 "삶의 의미"라는 중첩된 초점을 이룬다는 점에서 앞서 발표한 시집과 연결지점을 찾을 수 있다. 시인의 가치관에 기저基底를 둔 넘치거나 모자람이 없는 중용은 앞서 발행한 여러 시집에서도 일관성을 보여준 주제였다. 「텅 빈 가방」은 욕심 없이 모든 것을 내려놓은 '자연의 묵시적인 깨달음'과 무관하지 않다. 시인은 저 너머의 세상, 형체도 없는 처소에 '지푸라기'

하나 담아갈 수 없다고 한다.

전생에 무슨 복을 지었는지
몸뚱이 하나 얻어 세상에 나왔다

생방송 중인 지구 넓은 무대
작가가 써준 대본을 외우며 연기하는
나는 어설픈 삼류 배우다

게으름 피우거나 연기력이 부족해
작가 눈 거슬리면 곧바로 퇴출이다

작가의 순간적인 실수로
더러는 무대에서 사라지기도 한다

수많은 갈림길에서 선택을 강요받는다
내가 선택한 것 같지만 결국은
작가가 써준 대로 길을 가게 된다
지름길이든 에움길이든 가시밭길이든

대전중앙시장 점원 사흘 만에 그만둔 일
인천효성공단 보세공장 3년 만에 그만둔 일
그 후 공직의 길을 택한 일은 작가의 뛰어난 안목이다

팔십을 바라보는 망팔의 나이
글쓰기도 연기하기도 버거운 나이지만

아름다운 종영을 위해 두 손을 모은다
- 「인생은 연극이다」 전문

누구나 삶의 주인공은 '자신'이다. 하지만 내 몫의 삶에 끼어드는 뜻밖의 '불가항력'으로 인해 운명이 바뀌기도 한다. 운명運命은 모든 것을 지배하는 초인간적인 힘이기에 자신의 의지와 상관없이 필연적 법칙에 따라 누군가 자신의 미래를 결정짓는다. 이두철 시인 역시 자신이 삶의 주인공이지만 그 "삶의 대본을 쓰는 작가"는 따로 있다고 한다. 한 치 앞도 못 보는 인간에게 운명을 다스리는 작가는 "무소불위의 힘"으로 다가온다.

「인생은 연극이다」 는 삶의 비의悲意와 결핍을 드러낸 "상처의 목록"이다. 공직의 길을 간 '무모한 도전'은 인생의 '터닝 포인트'가 되었다. 주변 환경은 삶에 적잖은 영향을 미친다. 어찌 삶의 고비마다 좌절이 없었겠는가. 그런데도 연기하는데 큰 어려움은 없었다고 능청스레 자신을 위로하고 있다. 팔십을 바라보는 망팔의 나이, 글쓰기도 연기하기도 버거운 나이지만시인은 아름다운 종영을 위해 두 손을 모은다. 자신에게 "배당된 불행"을 아름답게 승화시킨 작품이다.

인천에서 안산을 거쳐
산업도로 따라 수원을 가다보면
첫 번째 우측 동네 당수리 마을

조상 대대로 살아온 농촌마을
아파트가 들어서면서 도농복합마을이 됐다

사계절 아름다운 칠보산을 두르고
왕송호수 눈앞 펼쳐놓은 배산임수 마을
의왕 군포 화성 안산을 지척에 두고
사통팔달 도로망이 시원스레 뚫렸다

당수 1지구 2지구
개발의 망치소리 산자락 감아 돌고
사방에서 모여든 이웃 오순도순 사는 동네

새벽 창문을 열고
현관문 나서면 칠보산이 가슴 열어 반긴다
수원 땅 밟고 안산 땅을 밟고
안산 땅을 밟고 가다 수원 땅을 밟고
왔다갔다 하다보면 새벽 산행이 환하게 웃는다

풀과 나무들 어깨춤 추고
산새들 숲에 안겨 노래 부르는 동네

> 수원 화성 안산을 한 자락씩 깔고 앉은
> 칠보산을 어깨에 두른 당수리는 편안한 쉼터다
> 　　　　　　　－「당수리를 아시나요」 전문

산업도로 따라 수원을 가다 보면 시인이 살던 '당수리 마을'이 보인다. 조상 대대로 살아온 농촌마을에 아파트가 들어서면서 도농복합마을이 됐다. 사계절 아름다운 칠보산을 병풍처럼 두르고 의왕 군포 화성 안산을 지척에 두고 왕송호수 눈앞에 펼쳐놓은 '배산임수' 마을이니 명당 중의 명당이다. 어느 날 사통팔달 도로망이 시원스레 뚫리고 날마다 새벽 산행을 하는 시인은 수원 땅 밟고, 안산 땅을 밟고 오가며 새벽 산행을 마친다. 수원 화성 안산을 한 자락씩 깔고 앉은 칠보산을 어깨에 두른 당수리는 더없이 편안한 쉼터다.

「당수리를 아시나요」는 이곳에 사는 시인이 당수리를 모르는 많은 사람들에게 당수리를 자랑스럽게 소개하는 작품이다. 어쩌면 이 생각은 필자의 '좁은 소견'일지도 모른다.

그림을 그리는 어느 젊은 작가는 "나는 그림을 그리고 있다. 내가 하고 있는, 하고 싶은 일을⋯ 이라며 그리는 일에만 집중한다. 왜 그리는지, 그림이 무엇을 의미하는지, 등에 대한 질문을 접어두고 풍경을 그리는 일에 더 집중한다. 수많은 의미에 덧칠되어 본래의 의미가 퇴색되지 않기를 바라는 마음이었을까.

제7집 『당수리를 아시나요』를 보면서 문득 그런 생각이 들었다. 이두철 시인에게 '당수리 마을'과 '칠보산'은 그의 삶 가운데 깊숙이 들어와 있다. 산이 거기 있고 그저 보여주는 것만으로도 칠보산은 '삶의 의미'를 주는 '보물 같은 존재'인 것이다. 그러하니 무슨 설명이 더 필요할까. 이두철 시인은 이제 어엿한 '칠보산 시인'이 되었다. 시를 향한 늦깎이 '시인의 걸음'은 잠시도 쉬지 않는다. '시인의 자세'가 이쯤은 되어야 하지 않을까. 참 아름다운 행보行步다.